Y0-CAX-981

9/18

Celebremos la **diversidad** **hispana**

# LA GENTE Y LA CULTURA DE COSTA RICA

**Maxine Vargas**

Traducido por Esther Sarfatti

**PowerKiDS**
press.

New York

Published in 2018 by The Rosen Publishing Group, Inc.
29 East 21st Street, New York, NY 10010

First Edition

Translator: Esther Sarfatti
Editorial Director, Spanish: Nathalie Beullens-Maoui
Editor, Spanish: María Cristina Brusca
Book Design: Rachel Rising

Photo Credits:Cover, Megapress/Alamy Stock Photo; Cover (background) John Coletti/Stockbyte/Getty Images; Cover, p. 1 https://commons.wikimedia.org/wiki/File:Flag_of_Costa_Rica_(state).svg; p. 5 iStockphotos.com/monkeybusinessimages; p. 7 Olga Gabay/Shutterstock.com; p. 9 Thornton Cohen/Alamy Stock Photo; p. 11 AFP/Stringer/Getty Images; p. 13 mbrand85/Shutterstock.com; p. 15 Omar Vega/STR/LatinContent WO/Getty Images; p. 17 S. B. Nace/Lonely Planet Images/Getty Images; p. 18 Nattika/Shutterstock.com; p. 19 adrian hepworth/Alamy Stock Photo; p. 21 https://commons.wikimedia.org/wiki/File:Teatro_Nacional_at_Night.JPG; p. 23 iStockphotos.com/Ioan Florin Cnejevici; p. 25 m.bonotto/Shutterstock.com; p. 27 Lorraine Logan/Shutterstock.com; p. 29 CP DC Press/Shutterstock.com; p. 30 Brothers Good/Shutterstock.com.

Library of Congress Cataloging-in-Publication Data

Names: Vargas, Maxine, author.
Title: La gente y la cultura de Costa Rica / Maxine Vargas.
Description: New York : PowerKids Press, [2018] | Series: Celebremos la diversidad hispana | Includes index.
Identifiers: LCCN 2017023641| ISBN 9781508163060 (library bound) | ISBN 9781538327272 (pbk.) | ISBN 9781538327586 (6 pack)
Subjects: LCSH: Costa Rica-Juvenile literature. | Costa Rica-Social life and customs-Juvenile literature.
Classification: LCC F1543.2 .V37 2018 | DDC 972.86-dc23
LC record available at https://lccn.loc.gov/2017023641

Manufactured in the United States of America

CPSIA Compliance Information: Batch #BW18PK: For Further Information contact Rosen Publishing, New York, New York at 1-800-237-9932

# CONTENIDO

# UNA SOCIEDAD GLOBAL

Se calcula que la población mundial actual es de unos 7,500 millones de personas. Este grupo inmenso está compuesto por personas con orígenes diferentes cuyas identidades culturales **singulares** forman una sociedad global hermosa y diversa.

La palabra "hispano" se utiliza para describir a las personas cuyos padres o **antepasados** tenían como idioma principal el español; o a quienes vienen de un país donde se habla español. Sin embargo, los hispanos no se consideran un solo grupo, ya que no existe una cultura o identidad hispana única. Muchos hispanos que viven en Estados Unidos prefieren identificarse con el país o la región de origen de su familia. Uno de estos países es Costa Rica. La gente de Costa Rica es hispana, y su cultura y sus tradiciones son muy especiales.

Costa Rica tiene una población de más de 4 millones de personas. Aproximadamente un 6% de los nacidos en Costa Rica vive en otro país.

# El lenguaje es importante

Tal vez hayas oído a la gente usar la palabra "hispano" para describir a alguien cuando, en realidad, debería decirse "latino". Estas palabras se confunden a menudo, pero no deben usarse **indistintamente**. "Latino" es la palabra que describe a una persona que vive en Estados Unidos y cuyos antepasados son de América Latina. Algunas personas prefieren no usar ninguno de estos dos términos a la hora de describirse. Cuando alguien te dice cómo quiere hablar de su identidad, es importante respetar sus deseos y usar el lenguaje que esa persona prefiera.

# LA GEOGRAFÍA DE COSTA RICA

Costa Rica es un país de América Central. Limita con Nicaragua al norte y con Panamá al sur. Sus otros dos costados están bordeados por masas de agua. El mar Caribe forma la costa este del país y el océano Pacífico, su costa oeste.

Con dos cordilleras que se extienden por casi toda su longitud, Costa Rica es un país montañoso. En estas montañas hay volcanes activos, entre ellos sus dos picos más altos: el Irazú y el Poás. Más de la mitad de los costarricenses viven en el valle Central.

Costa Rica recibe mucha lluvia, sobre todo en las zonas costeras. Durante los meses más lluviosos, ¡en el valle Central pueden caer más de 12 pulgadas (30.5 cm) de agua! Las temperaturas varían a lo largo del país; pero, en general, el clima es cálido, con un promedio de 70 grados Fahrenheit (21 grados Celsius) en San José, la capital del país.

Casi la mitad de Costa Rica está cubierta de selvas. Los científicos creen que más de un 4% de las especies de plantas y animales del mundo se encuentra en Costa Rica.

# Tierras muy verdes

Cuando uno piensa en Costa Rica, piensa sobre todo en un color: ¡el verde! Más de una tercera parte del país está cubierto de selvas. En sus tierras exuberantes se encuentran muchos árboles y plantas; desde el roble de sabana y palmeras, hasta manglares.  Entre los árboles viven monos, gatos salvajes, perezosos, aves tropicales, culebras, iguanas, ranas y otros animales. Con esta flora y fauna tan rica y variada, no es de extrañar que muchos científicos elijan Costa Rica para llevar a cabo sus investigaciones.

# PUEBLOS NATIVOS EN COSTA RICA

Los pueblos nativos, o **indígenas**, de Costa Rica vivían en la región antes de la llegada de los europeos, en el siglo XIV. Uno de estos pueblos eran los chorotegas. Este grupo era el más poderoso de los que habitaban Costa Rica cuando llegaron los españoles.

Cristóbal Colón llegó a Costa Rica en 1502 y el primer asentamiento español se estableció en 1564. Se trataba de la ciudad de Cartago en el valle Central. La corona española no invirtió demasiado tiempo en desarrollar Costa Rica ni en **conquistarla**; las tierras no ofrecían muchas riquezas tampoco había una gran población para conquistar como ocurrió en otros países de América Central o del Sur.

Después de la llegada de los españoles, la población indígena disminuyó considerablemente. Muchos indígenas murieron de enfermedades desconocidas llevadas por los europeos. De los que lograron sobrevivir, muchos fueron a vivir a las montañas para evitar el dominio español.

Hoy la gente indígena de Costa Rica constituye aproximadamente un 2.5% de la población del país.

# UNA SOCIEDAD DEMOCRÁTICA

Costa Rica se distingue de muchos de sus países vecinos porque se le considera una sociedad más igualitaria, tanto política como socialmente. Junto con otros países latinoamericanos, Costa Rica declaró su independencia de España en 1821. Pronto se formó un gobierno **progresista** que invirtió en café, plátanos y ferrocarriles, lo cual ayudó al país a hacerse suficientemente fuerte como para mantenerse por sí mismo. Hoy en día, Costa Rica es una **república**. A partir de los 18 años, sus ciudadanos pueden votar cada cuatro años para elegir a su presidente, igual que en Estados Unidos.

La Constitución de Costa Rica garantiza educación gratuita para todos. El gobierno invierte mucho dinero en educación: casi una cuarta parte de su presupuesto. El 95% de la población adulta de Costa Rica sabe leer y escribir, y su universidad nacional es una de las mejores de América Central.

Un niño vota durante una actividad en el Museo de los Niños de San José, el 2 de febrero de 2014.

# LA POBLACIÓN DE COSTA RICA

Aproximadamente el 80% de la población de Costa Rica es de **ascendencia** europea y mestiza. Se llama mestiza a una persona cuya ascendencia es europea e indígena. Un pequeño número de costarricenses tiene una mezcla de ascendencia europea, indígena y africana: algunos son de origen chino; unos pocos, son solamente de ascendencia africana; y un porcentaje muy reducido de costarricenses son de origen indígena. Miles de personas han emigrado a Costa Rica desde la vecina Nicaragua y otros países centroamericanos.

Más de la mitad de la población de Costa Rica vive en el valle Central. La mayor parte de estas personas son de ascendencia española. Las poblaciones más pequeñas están repartidas por las costas, regiones montañosas y llanuras de Costa Rica.

Alrededor de una cuarta parte de la población de Costa Rica vive en la ciudad de San José.

# Juntos pero no iguales

Los costarricenses de ascendencia mixta suelen ser los descendientes de la gente traída de las Antillas, en el siglo XIX, para construir los ferrocarriles y trabajar en las plantaciones, o grandes fincas de plátano. Existieron leyes que **discriminaban** a los negros, limitando los lugares en los que podían vivir y viajar dentro del país. Incluso hubo leyes que prohibían a los dueños de las plantaciones emplear a personas negras. Aunque estas leyes se **abolieron** en 1949, aún existen prejuicios sociales en Costa Rica.

# LOS TICOS

El español es el idioma oficial de Costa Rica. Los exploradores españoles llevaron consigo su idioma cuando llegaron. Los gobernantes españoles lo establecieron como ley suprema y desde entonces se habla el español. Entre los idiomas indígenas de Costa Rica están el bribri, el cabécar, el maleku ihaíka, el boruca y el térraba.

Algo fascinante acerca de los idiomas es que aún cuando se hable el mismo, este puede ser diferente, según el lugar donde se vive. Por ejemplo, el español que se habla en España suena bastante diferente al que se habla en Costa Rica. En España, la forma más común de describir algo pequeño es añadir "-ito" al final de la palabra. En Costa Rica (y en otros países, como Venezuela y Cuba), se usa "-ico". Por eso a los costarricenses, a veces, se les llama "ticos".

Durante los eventos deportivos, como la Copa Mundial de Fútbol de la FIFA, los locutores, a veces, llaman los Ticos al equipo de Costa Rica.

# FIESTAS DIVERTIDAS

En Costa Rica existen muchos días festivos así como festivales que la gente disfruta a lo largo del año. La mayoría de los costarricenses son católicos y el país observa varias fiestas religiosas. Una de las más importantes es la Semana Santa. En las ciudades y los pueblos, todo cierra durante estas fiestas que celebran la Pascua cristiana. Los autobuses dejan de funcionar, la gente no trabaja, y hay muchas celebraciones y procesiones.

Cada año, durante la primera semana de enero, los costarricenses celebran las fiestas de Palmares. Conocida como la "fiesta de vaqueros más grande del país", se trata de un festival que dura dos semanas en las que hay corridas de toros, desfiles, danzas tradicionales, rodeos y música. Esta celebración es tan popular que atrae a casi un millón de personas cada año.

Esta foto se tomó durante un desfile en Guanacaste, Costa Rica, que se encuentra en el noroeste del país, en la costa pacífica.

17

# GASTRONOMÍA Y CULTURA CAFETERA

El arroz, los frijoles y el maíz son muy importantes en la cocina costarricense. El casado y el gallo pinto son dos de los platos más populares de Costa Rica. El casado es un plato que incluye frijoles, arroz, verduras, carne y otros alimentos. El gallo pinto es una combinación de arroz y frijoles, que normalmente se sirve en el desayuno. Al estar mezclado el arroz con los frijoles parece tener motas o pintas, razón por la cual se le llama gallo pinto.

Uno de los productos alimentarios más importantes de Costa Rica es algo que se aprecia en el mundo entero: el café. La planta de café arábica se cultivó por primera vez en el país a principios del siglo XVIII. El café se convirtió rápidamente en una parte principal de la economía del país y, hoy en día, Costa Rica es el decimotercer productor mundial de café.

La tierra **fértil** de Costa Rica, así como su clima templado y su **terreno** montañoso, constituyen excelentes condiciones para el cultivo del café.

19

Muchos consideran a Costa Rica un país **cosmopolita**, seguramente debido al interés que su gente muestra por las artes. El cine internacional, las obras de teatro, la música y la televisión son algunas aficiones populares entre los costarricenses.

La Orquesta Sinfónica Nacional se formó en 1971. Esta orquesta viaja por todo el país y es muy querida por los costarricenses. Algunos compositores famosos de Costa Rica son Fabián Dobles, Carlos Luis Fallas y Carmen Naranjo.

El arte indígena y popular de Costa Rica es sumamente apreciado. Se han descubierto a lo largo del país grandes esculturas de piedra y esferas de piedra tallada. Se cree que estas esferas servían para decorar las casas de los jefes indígenas, aunque no se conoce su función exacta. También se han encontrado valiosas estatuillas hechas de oro y jade. En cuanto al arte popular, Costa Rica es famosa por sus tallas y carretas de madera que se destacan por sus preciosos adornos y gran colorido.

El Teatro Nacional es un edificio de gran valor artístico, por dentro y por fuera.

# El Teatro Nacional

Construido en 1897, el Teatro Nacional, en la plaza de la Cultura en San José, es uno de los edificios más bellos de Costa Rica. Tiene esculturas, escalinatas de mármol y famosos murales en el techo del segundo vestíbulo. Uno de ellos hace homenaje a los cultivadores de café y plátano, tan importante para el país. Hoy en día, tanto los costarricenses como los turistas van al Teatro Nacional para disfrutar de conciertos y obras de teatro.

# ROPA TRADICIONAL

La ropa que lleva la gente nos revela mucho acerca de una sociedad. Nos puede indicar cómo la gente se enfrenta al clima, las diferencias entre hombres y mujeres y otras cosas importantes, como las creencias religiosas. Las modas y tendencias suelen pasar de unos lugares a otros, por lo que muchos países comparten el mismo estilo de vestir.

Los costarricenses llevan ropa de tipo occidental: usan vaqueros, pantalones, camisetas y suéteres seguramente muy parecidos a los que ves en la ciudad o el pueblo donde vives. Sin embargo, los trajes tradicionales son muy distintos. Los hombres llevan típicamente pantalones largos, una camisa blanca y una faja. Las mujeres usan faldas largas hechas de varias capas de colores vivos y blusas blancas con volantes de colores. Este tipo de ropa se lleva en los festivales y días festivos cuando se presentan danzas folclóricas tradicionales.

El aspecto de los trajes tradicionales es diferente en cada provincia. Este traje es de la provincia de Limón, en el este de Costa Rica.

23

La música folclórica es la música tradicional de un lugar, que se transmite de una generación a otra. En Costa Rica, esta música proviene de la provincia de Guanacaste, que se encuentra en el noroeste del país. Los dos instrumentos más típicos de la música folclórica de Costa Rica son la ocarina y la marimba.

La ocarina es un instrumento de viento que a menudo tiene forma de papa, aunque támbién puede parecerse a animales. Tiene una boquilla y varios agujeros pequeños para los dedos, que sirven para tocar las diferentes notas. La ocarina costarricense se llama *dru mugata* y es diferente a la mayoría de las ocarinas porque se hace de cera de abeja. La marimba es un instrumento de percusión. Para tocarla, el músico golpea las teclas con unos mazos grandes. ¡Hasta tres personas a la vez pueden tocar una marimba grande! Es un instrumento que produce ritmos preciosos para el baile.

# OCARINA COSTARRICENSE

Escuchar la música de un país es una buena forma de conocer mejor su cultura. Algunos de los temas más populares en la música costarricense son el amor y el patriotismo.

# EL ARTE DE LA DANZA

La danza es una actividad popular en Costa Rica. Existen muchos clubs, llamados discotecas, o discos, en San José. Los fines de semana, ¡estos clubs están llenos de ticos dispuestos a pasarse la noche bailando! En estos lugares se escucha todo tipo de música, desde las canciones actuales hasta la música tradicional latinoamericana, como la salsa, el merengue y la bachata.

A través de la danza folclórica, los costarricenses celebran su herencia cultural. La región de Guanacaste es el corazón de la danza tradicional de Costa Rica. Las actuaciones son espectaculares. Mientras los músicos tocan el ritmo con guitarras, *dru mugata*, marimbas y otros instrumentos, los bailarines en trajes tradicionales danzan con elegancia y estilo. Las bailarinas dan vueltas con sus faldas largas mientras agitan sus pañuelos, contando historias de amor y tradición.

Las danzas folclóricas se presentan durante las fiestas y los festivales, y también para los turistas.

27

# POR AMOR AL JUEGO

Los deportes forman una parte importante de muchas culturas. La afición al deporte a menudo sirve para unir a un país, ya que los aficionados se sienten orgullosos del éxito de sus equipos. El deporte más popular de Costa Rica es el fútbol, que en Estados Unidos se llama *soccer*. Existen docenas de clubs de fútbol y equipos regionales por toda Costa Rica.

El fútbol llegó a Costa Rica a principios del siglo XX. Hoy en día, se considera que los ticos tienen un estilo agresivo a la hora de jugar al fútbol. Ésta podría ser la razón por la cual su equipo nacional es el más exitoso de la historia de América Central. Conocido como la Sele, la Tricolor o los Ticos, en el año 2016 el equipo nacional de Costa Rica ganó ocho campeonatos.

Otras actividades deportivas populares son las corridas de toros, el surf, la pesca y otros deportes relacionados con la naturaleza.

La pasión de los costarricenses por el fútbol une a los aficionados de todo el país.

# Tierra de aventuras

Mucha gente piensa en Costa Rica como una tierra de aventuras, sobre todo los turistas que la visitan. Tal vez esto se deba a sus paisajes, los cuales ofrecen diversión a través de deportes de tierra y agua. El surf, la natación y la pesca en las aguas cristalinas de Costa Rica son actividades populares. Ir en tirolesa por las selvas tropicales del país es una aventura que disfrutan muchos turistas. También son populares otras actividades, como el ciclismo de montaña y el descenso de ríos en balsa.

# EN CONSTANTE CAMBIO

Cuando la gente **inmigra** a un país, suele llevar consigo sus tradiciones y su herencia. Actualmente, unos 140,000 costarricenses viven en Estados Unidos, la mitad de ellos nacieron en suelo estadounidense. Los costarricenses-estadounidenses constituyen aproximadamente un 0.3% del total de la población hispana de Estados Unidos. Al llegar a Estados Unidos, los inmigrantes de Costa Rica comparten la riqueza de sus tradiciones culturales con la gente de su nueva tierra, haciendo valiosas contribuciones al variado paisaje cultural.

Adoptar nuevas tradiciones y costumbres mientras se celebran las antiguas es una forma de mantener viva la identidad cultural, algo muy importante en un mundo cada vez más **diverso**. La cultura costarricense continúa cambiando y creciendo con su gente. El resultado es un país rico en tradiciones hispanas.

# GLOSARIO

**abolir**: parar o acabar oficialmente con algo.

**antepasado**: persona que vino antes que otras en una familia.

**ascendencia**: el origen de una persona en cuanto a su familia o nacionalidad.

**conquistar**: tomar por la fuerza.

**cosmopolita**: se dice de algo o alguien que está familiarizado con diferentes culturas.

**discriminar**: tratar a la gente de manera desigual debido a su clase, raza, religión u otro factor.

**diverso**: compuesto de cosas que son diferentes entre sí.

**fértil**: capaz de producir muchos cultivos sanos.

**indígenas**: las primeras personas que habitan un lugar.

**indistintamente**: se dice de las cosas que se pueden usar de manera intercambiable.

**inmigrar**: llegar a un país para vivir allí.

**progresista**: persona que tiene o se interesa en ideas nuevas y avanzadas.

**república**: una forma de gobierno en la cual la gente elige a sus representantes.

**terreno**: el tipo de tierra que hay en un lugar.

**singular**: especial y diferente de lo demás.

# ÍNDICE

# SITIOS DE INTERNET

Debido a la naturaleza cambiante de los enlaces de Internet, PowerKids Press ha elaborado una lista de sitios web relacionados con el tema de este libro. Este sitio se actualiza de forma regular. Por favor, utiliza este enlace para acceder a la lista: www.powerkidslinks.com/chd/costa